お店みたいな あっあっ 米粉パン

あつあつパン教室

鈴木あつこ

はじめに

わたしが米粉パンを作り始めたのは、5年ほど前のことです。

毎日のように小麦粉のパンを作っていたのですが
じつはもともとお米が大好きで、
米粉でパンが作れることを知った日から、とても興味を惹かれました。

最初はまったく思い通りに焼けなくて
もっちりしすぎてしまったり、うまく膨らまなかったり……。
小麦粉との違いに戸惑うことも多くありました。

それでもパンを作ることは楽しく、
おいしい米粉パンが焼けるようになりたいと日々作り続け、
ようやく辿り着いたのがこのレシピです。

パン作りはごはん作りとは違い、やらなくて困るものではないので
作るのが大変だと続かなくなってしまいます。
もっとラクに、もっと気軽に、もっと短時間で、しかもお店みたいな可愛いパン。
そしてなによりおいしいは絶対条件！
よくばりだけど、それらすべてを叶えたくて夢中で作り続けました。

パン作りは難しい。もう失敗したくない。おいしいパンが焼きたい。
そう思っている方が、たくさんいらっしゃると思います。
そんな方たちに、大丈夫！できるよ！とお伝えしたいです。

自分でパンが作れること、パン作りが楽しいと感じられること、
とっても素晴らしいことだと思います。
これからも皆様と一緒にパンを作り続けていきたいです。

最後に、いつも応援してくださっている皆様、
この本の制作にかかわってくださった皆様、本当にありがとうございます。

たくさんの方に米粉パンの魅力が伝わったら嬉しいです。

鈴木あつこ

CONTENTS

CHAPTER 1

シンプルだからおいしい ノンオイル生地のパン

CHAPTER 2

手軽で万能！ オイル生地のパン

COLUMN **サイリウムもなし！ シンプルパン**

CHAPTER

3 ふんわりリッチ バター生地のパン

94   困ったときのQ & A

※オーブンは予熱して使用してください。機種によって火の入り方が異なるので、様子を見て温度や時間
　を調節してください。この本では、東芝の過熱水蒸気オーブンレンジ「石窯ドーム」を使用しています。
※この本では、オーブンの予熱は10分程度を想定しています。ガスオーブンなど、5分程度で予熱が
　終わる場合は、発酵の時間をレシピより5分延ばしてください。
※天板が小さいオーブンを使用している場合は、2回に分けて焼いてください（詳細はP.95 参照）。

米粉パンの
ここがすごい！

パン作りって難しい……と苦手意識を持っている人にこそ
試してほしいのが米粉パンです。コツいらずで短時間で作れ、
しかもおいしい！"朝から焼き立てパン"の夢も、無理なく叶えられます♪

1

1時間ほどで
焼き立てが食べられる

小麦粉のパンは通常1次発酵と2次発酵が必要です。でも、この本で紹介する米粉パンなら発酵は1回だけ！1時間ほどで焼き上がります。

2 こねずに
ぐるぐる混ぜるだけ

生地はワンボウルで混ぜるだけ。台に出してこねる必要がありません。キッチンが粉まみれになることも、生地作りでヘトヘトになることもなし！

3 はじめてでも お店みたいなパンが 作れる

作り方どおりに材料を混ぜていけば、初心者さんでも失敗することはほとんどありません。基本の生地の作り方はどのレシピもだいたい同じ。お店みたいなパンが簡単に焼けます。

4 片づけがラクチン

ボウルひとつで生地作りができるので、洗い物が最小限。しかも米粉は水に溶けやすく、ササッとラクに洗い流せます。片づけのハードルが低いからこそ、また作る気になります。

5 もちふわ食感で おいしい!

米粉パンの魅力はなんと言ってもそのおいしさ! もちもちふわふわの食感と、優しい味わいにハマります。焼き立てはもちろん、トースターで少し焼き直して食べるのもおすすめ。冷凍保存も可能です。

基本の作り方

この本では、3タイプの生地を紹介しますが、基本の作り方はどのパンもだいたい同じ。大まかな流れを把握しておきましょう。1時間で完成させるための時短テクも満載です。

〈 混ぜる 〉

きっちり計量した材料をボウルに入れ、ぐるぐるとよく混ぜます。サイリウム（P.11参照）を加えると生地が重くなるので、ダマができないようにボウルにヘラをこすりつけながら混ぜましょう。混ぜ残しがないよう、タイマーで既定の時間を計りながら混ぜるのがおすすめ。

Memo
発酵をスムーズに進めるため、水や牛乳は37℃前後に温めて加えます。

〈 分割 & 仮丸め 〉

スケッパーを使い、ボウルの中や作業台の上で生地を分割します。打粉をしなくていいからとってもラクチン。目分量で分割してもいいですが、重さを量りながら等分すると焼き上がりの形がそろってきれいです。分割した生地は、手に油をつけてひとつずつ軽く丸めます（この本ではこの工程を「仮丸め」としています）。

〈 成形 〉

仮丸めした生地は、最初に丸めたものから順に成形しましょう。生地が乾燥しないように、手に油を足しながら作業してください。パンによっては、めん棒やスケッパーを使って形を作ります。

〈 発酵 〉

クッキングシートを敷いた天板に生地を並べ、ふんわりラップをして濡れ布巾をかけます。オーブンの発酵機能で発酵させ、1.5倍くらいに膨らめば発酵完了です。発酵が終わったら、すぐにオーブンの予熱を始めてください。

Memo

オーブンレンジには発酵機能がついているものが多いです。発酵機能がないときは、ボウルに50℃前後の湯を張って天板をのせてもOK。その場合は、生地の様子を見ながら1.5倍ほどに膨らむのを待ちましょう。

〈 仕上げ 〉

オーブンの予熱が終わったら、生地に油を塗ったり、クープを入れたりして仕上げます。もちふわ食感のきれいなパンにするため、必ず予熱が完了してから仕上げ作業をしてください。

〈 焼く 〉

庫内の温度を下げないようにサッと手早く、オーブンの下段に天板を入れて焼きます。オーブンによって火力に差があるので、途中で焼け具合をチェックして。焼き色が薄い場合は、オーブンの温度を10℃ほど上げてレシピどおりの焼き時間で完成させてください。焼き時間を延ばすのは、パサつきの原因に。焼き時間の3分の2が経過したところで天板の前後を返すと、焼きムラを防げます。

1時間で完成！

焼き立てを食べられるのは手作りならでは。すぐに食べない場合はケーキクーラーにのせて冷まし、1個ずつラップに包んで保存を。焼き立ては切りにくいので、スライスする場合は1〜2時間冷ましてからにしましょう。

基本の材料

この本で使っている主な材料がこちら。おいしく作るための参考にしてください。すべて同じ材料を揃える必要はありませんが、米粉だけはパン用の「ミズホチカラ」を推奨します。スーパーで手に入りにくいものは、製菓材料店のネットショップなどを活用するのがおすすめです。

米粉
（パン用ミズホチカラ）

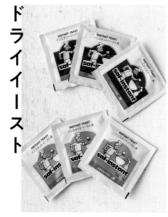

「ミズホチカラ」というお米の品種で作られたパン用の米粉が扱いやすくておすすめ。グルテンが添加されたものや製菓用のものもありますが、この本ではグルテン無添加のパン用を使ってください。米粉は種類によって粒子の大きさや吸水率が異なるので、違うものを使うと仕上がりの食感に差が出ます。まずは同じもので作ってみてください。

違う米粉だと
仕上がりに差が

ドライイースト
（インスタントタイプ）

米粉パンを膨らませるために欠かせないイーストは、予備発酵のいらないインスタントタイプを使用。サフ社の個包装タイプが便利です。大容量タイプでも作れますが、密閉して冷蔵庫で保管しても発酵力はだんだん弱くなります。新鮮なうちに使いましょう。1、2章のレシピは赤サフ（写真上）、金サフ（写真下）どちらを使用してもOK。3章のレシピは、生地の糖度の関係で、耐糖性のある金サフが膨らみやすいです。

砂糖

独特のコクとまろやかさがあるきび砂糖を使っています。上白糖でもいいですし、てんさい糖や素焚糖（すだきとう）など、好みのもので大丈夫です。イーストの発酵を促し、生地に甘みをつけます。

塩

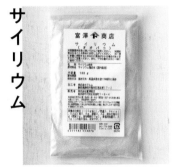

ごく一般的な海塩を使います。米粉パンの甘みを引き立たせたり、生地がダレたりするのを防ぎます。

サイリウム

サイリウムはオオバコ科の植物。不溶性食物繊維を多く含んだ種皮の粉末で、ドラッグストアのダイエット食品コーナーに置いてあることも。グルテンがない米粉でいろいろな形のパンを作れるのは、生地の水分を吸って膨張し、ゼラチン状に変化するサイリウムのおかげです。多量に摂取するとおなかに負担がかかる場合があるので、食べすぎには注意してください。

植物油

クセのない植物油を使うことが多いです。この本では太白ごま油（写真左）を使っていますが、米油やサラダ油など、好みのもので構いません。手に油を塗りながら作業するので、あらかじめココットなどに出しておきましょう。また、2章では生地に油を混ぜ込んでふんわりさせています。パンの種類によっては、オリーブオイル（写真右）を使うこともあります。

無塩バター

生地にバターを加えると、風味がよくなるだけでなく、ふっくらやわらかな米粉パンになります。有塩バターを使うと塩気が強くなるので、無塩バターを用意してください。主に3章のレシピで使用します。

基本の道具

この本で使っている主な道具を紹介します。米粉パン作りを始める前に用意しておくとスムーズです。

a	ボウル	深めのガラスボウルがおすすめ。写真はニトリの深型耐熱ガラスボウル（直径21cm）です。
b	泡立て器	泡立て器で粉類と水分を均一に混ぜるのが、成功への第一歩。使いやすいものでOK。
c	ゴムベラ	サイリウムを加えたら、ヘラで全力で混ぜます。柄を短めに持つと力が入りやすいです。
d	デジタルスケール	0.1g単位で量れるものが◎。とくにサイリウムは正確に計量を。液体も重さで量りましょう。
e	めん棒	表面に凹凸のあるプラスチック製のめん棒だと生地がつきにくいです。木製のものでもOK。
f	刷毛	生地の表面に油などを塗るときに使います。シリコン製だと毛が抜けず、洗いやすいです。
g	キッチンタイマー	生地を混ぜる時間を計ります。レシピに時間が書いてあるところは、ぜひタイマーを使って。
h	スケッパー	生地の分割や成形に欠かせません。200〜300円で買えるので、ぜひ手に入れてください。
i	調理用温度計	発酵には温度が重要です。液体を加えるときは、温度計を使ってチェックするのがベスト。
j	定規	生地のサイズを測ってから成形すると仕上がりがきれいに。洗いやすいものがよいです。
k	茶こし	生地の表面に米粉をふって仕上げるのに使います。100円ショップのもので十分です。
l	キッチンバサミ	成形時に切り込みを入れるパンに使います。やわらかい生地もスパッと切れます。
m	ナイフ	クープを入れるのに必要です。切れ味がよく、刃がギザギザした小さめのものが便利。
n	クッキングシート	天板に敷き、成形した生地をのせて焼きます。作業を始める前に準備しておくと慌てません。
o	ラップ	パン作りにおいて乾燥は大敵。生地を発酵させるときに、ふんわりラップをかけます。
p	布巾	ラップの上に濡れ布巾をかぶせ、乾燥を二重に防ぎます。不織布のものを愛用しています。
q	ケーキクーラー	焼き上がったパンの粗熱を取るために使います。すぐに食べないときは、冷めてからラップを。

上手に作るための6ヵ条

大成功の米粉パンを味わっていただきたいので、これだけはぜひ守ってくださいね!

1 イーストは新しいものを使う

イーストは一度開封すると空気に触れて活性化が進みます。密閉して冷蔵保存しても発酵力が弱まるので、できるだけ新しいイーストを使ってください。時々しか使わない人は、個包装タイプがおすすめ。

2 生地の水分をチェックする

生地を混ぜ終わったら、水分量のチェックを。理想の生地の状態は親指と人差し指で生地をギュッとつまんで、手に少しつくくらいです。手につかない場合は、水を小さじ¼ずつ加えましょう。

3 できるだけツルツルに

丸いパンは油を塗った手でたくさん転がし、表面をツルツルにしてください。泥団子作りのようなイメージで50回以上は転がしてほしいです。ツルツルにすればするほどきれいに焼き上がります。

4 手や道具にはこまめに油を

分割や成形中に生地がくっつく場合は、手や作業台、スケッパーに油を薄く塗ってください。小麦粉のパンでは打粉をしますが、米粉パンでは油が打粉の代わりになります。ただし、塗りすぎには注意を。

5 成形にはスケッパーを活用

スケッパーはパン作りの相棒。生地の分割はもちろん、成形するときに生地を支えたり、三角形や四角形に生地の形をととのえたりするのに役立ちます。成形した生地を天板に移動させるときにも便利。

6 仕上げの作業は素早く

クープなどの仕上げ作業を終えたら、1秒でも早くオーブンへ! ゆっくりしていると、横広がりのパンになったり、生地が乾燥してしまいます。膨らまない、パサつくなどの原因になるので、気をつけて。

1

シンプルだから おいしい

ノンオイル生地の

パン

オイルやバターを生地の中に混ぜ込まない素朴な味わいの米粉パンです。びっくりするほど簡単で、初心者さんもおいしく作れるレシピばかり。生地がシンプルだからこそ、油分のある具材とも相性抜群です。

基本の丸パン

はじめての米粉パン作りならこれ！
初心者さんでもツルツルに丸めるだけで
丸パンが上手に焼けちゃいます！
米粉そのもののおいしさを味わって。

⟶ 作り方は 18 ページ

基本の丸パン
の作り方

材料（6個分）

A｜米粉（パン用）⋯⋯ 200g
　｜イースト ⋯⋯ 3g
　｜砂糖 ⋯⋯ 5g
　｜塩 ⋯⋯ 3g
ぬるま湯（37℃前後）⋯⋯ 220g
サイリウム ⋯⋯ 7g

植物油（作業・仕上げ用）⋯⋯ 適量

〈 混ぜる 〉

1. ボウルにAを入れ、泡立て器で1分ほどよく混ぜる。

2. ぬるま湯を加え、1〜3分ほど混ぜる。

3. ゴムベラに持ち替え、サイリウムを全体に素早くふりかける。3分ほど全力で混ぜ、軽く生地をまとめる。

Point 生地がなめらかになるように、ボウルにヘラをこすりつけながら混ぜる。

生地の水分の目安

親指と人差し指で生地をギュッとつまみ、手に少しつくくらいの生地状態になればOK。手につかない場合は、水を小さじ¼ずつ加えましょう。

〈 分割 & 仮丸め 〉

4.
スケッパーを使い、生地を6等分する(ボウルの中で作業しても、作業台に移して分割してもOK)。

5.
手に油をつけて、それぞれ軽く丸める。

〈 成形 〉

6.
5で最初に丸めた生地から順に丸め直す。両手でコロコロと50回以上転がし、表面がツルツルになったら、クッキングシートを敷いた天板に並べる。

Point 生地の表面をツルツルにすればするほど焼き上がりがきれいになります。生地が乾燥しないよう、適宜手に油を足してください。乾燥防止のため、丸め終わった生地にラップをかけておくのも◎。発酵が進むので、作業はなるべく手早くしましょう。

〈 発酵 〉

7.
ふんわりラップをして濡れ布巾をかけ、オーブンの発酵機能40℃で10分発酵させる。取り出して、オーブンを220℃に予熱する。

発酵完了の目安

生地が1.5倍くらいに膨らんだら、発酵完了。表面がぼこぼこしているときは、発酵しすぎの可能性が高い(過発酵になってしまったときはP.95参照)。

〈 仕上げ & 焼く 〉

8.
オーブンの予熱が終わったら、生地に刷毛でまんべんなく油を塗り、220℃で12分焼く。

パリうまソーセージ

パリパリ食感のソーセージともちふわ米粉パンの相性が抜群！
リング状に成形するのがソーセージをきれいにのせるコツです。

材料（6個分）

A｜ 米粉（パン用）⋯⋯ 200g
　　イースト ⋯⋯ 3g
　　砂糖 ⋯⋯ 5g
　　塩 ⋯⋯ 4g
ぬるま湯（37℃前後）⋯⋯ 220g
サイリウム ⋯⋯ 7g

ソーセージ ⋯⋯ 6本
粉チーズ、ケチャップ、マヨネーズ ⋯⋯ 各適量
マスタード（好みで）⋯⋯ 適量

植物油（作業・仕上げ用）⋯⋯ 適量

作り方

〈 混ぜる 〉

1. ボウルにAを入れ、泡立て器で1分ほどよく混ぜる。ぬるま湯を加え、1〜3分ほど混ぜる。

2. ゴムベラに持ち替え、サイリウムを全体に素早くふりかける。3分ほど全力で混ぜ、軽く生地をまとめる。

〈 分割 & 仮丸め 〉

3. スケッパーを使い、生地を6等分する（ボウルの中で作業しても、作業台に移して分割してもOK）。

4. 手に油をつけて、それぞれ軽く丸める。

〈 成形 〉　　※4で最初に丸めた生地から順に作業する。

5. 15cm長さの棒状に伸ばし、端と端をくっつけてO字型にする（a・b）。中心の穴を少し広げ、ソーセージをのせて手で軽く押さえる（c・d）。
　　Point ▶ リング状に成形することでソーセージが落ちるのを防げる。

6. クッキングシートを敷いた天板に5を並べる。

〈 発酵 〉

7. ふんわりラップをして濡れ布巾をかけ、オーブンの発酵機能40℃で10分発酵させる。取り出して、オーブンを210℃に予熱する。
　　Point ▶ 生地が1.5倍くらいに膨らんだら、発酵完了。

〈 仕上げ & 焼く 〉

8. オーブンの予熱が終わったら、生地に刷毛でまんべんなく油を塗る。粉チーズをふり、ソーセージにケチャップをかけ、その上にマヨネーズを3か所のせる（e）。

9. 210℃で15分焼く。粗熱が取れたら、好みでマスタードをかける。

a

b

c

d

e

明太子フランス＆
ガーリックフランス

明太子とガーリック、2 種のフランスパンを一度に作ります。
ハード系のパリッと生地×フレーバーバターがあとを引くおいしさ！

材料（明太子フランス、ガーリックフランス 各2本分）

A｜米粉（パン用）⋯⋯ 200g
　｜イースト ⋯⋯ 3g
　｜砂糖 ⋯⋯ 5g
　｜塩 ⋯⋯ 3g
ぬるま湯（37℃前後）⋯⋯ 215g
サイリウム ⋯⋯ 7g

B｜辛子明太子 ⋯⋯ 50g
　｜無塩バター ⋯⋯ 20g
C｜無塩バター ⋯⋯ 20g
　｜にんにく（チューブ）⋯⋯ 1cm
　｜パセリ（刻む）⋯⋯ 適量
刻み海苔 ⋯⋯ 適量

植物油（作業・仕上げ用）⋯⋯ 適量

下準備

・無塩バターを室温にもどして
　おく。

作り方

〈 混ぜる 〉

1. ボウルにAを入れ、泡立て器で1分ほどよく混ぜる。ぬるま湯を加え、1〜3分ほど混ぜる。

2. ゴムベラに持ち替え、サイリウムを全体に素早くふりかける。3分ほど全力で混ぜ、軽く生地をまとめる。

〈 分割 & 仮丸め 〉

3. スケッパーを使い、生地を4等分する（ボウルの中で作業しても、作業台に移して分割してもOK）。

4. 手に油をつけて、それぞれ軽く丸める。

〈 成形 〉　※4で最初に丸めた生地から順に作業する。

5. 縦10×横15cmの楕円形に手で伸ばし、スケッパーを使って手前から巻き、巻き終わりを軽くつまんでとじる（a~c）。

6. クッキングシートを敷いた天板に、5をとじ目を下にして並べる。

〈 発酵 〉

7. ふんわりラップをして濡れ布巾をかけ、オーブンの発酵機能40℃で10分発酵させる。取り出して、オーブンを250℃に予熱する。
　Point ▶ 生地が1.5倍くらいに膨らんだら、発酵完了。

〈 仕上げ & 焼く 〉

8. オーブンの予熱が終わったら、生地に刷毛でまんべんなく油を塗り、ナイフで中心に1本クープを入れる（d）。
　Point ▶ クープが1回で入りにくいときは、同じ場所をなぞって2回クープを入れるときれいな割れ目に。

9. 250℃で12分焼く。その間にB、Cをそれぞれ混ぜ合わせておく。

10. パンを一度取り出し、オーブンを230℃に予熱する。パンの粗熱が取れたら、中央にナイフで深めに切り込みを入れる。明太子フランス2本、ガーリックフランス2本になるように、混ぜ合わせたBとCを切り目と表面にたっぷりと塗る（e）。

11. 230℃でさらに5分ほど、きれいな焼き色がつくまで焼く。明太子フランスには刻み海苔をかける。
　Point ▶ 2度目に焼くときは、オーブントースターでカリッとするまで焼いてもOK。その場合は予熱不要。

ゴロゴロチーズクッペ

どこから食べてもチーズを
たっぷりほおばれるようになっています。
チーズをドライフルーツに代え、
仕上げにグラニュー糖をかけてもおいしい!

材料（3個分）

A │ 米粉（パン用）····· 200g
　│ イースト ····· 3g
　│ 砂糖 ····· 5g
　│ 塩 ····· 3g
ぬるま湯（37℃前後）····· 215g
サイリウム ····· 7g
ダイスカットチーズ ····· 75g（25gずつにしておく）
ピザ用チーズ ····· 適量

植物油（作業・仕上げ用）····· 適量

作り方

〈 混ぜる 〉

1. ボウルにAを入れ、泡立て器で1分ほどよく混ぜる。ぬるま湯を
　　加え、1〜3分ほど混ぜる。

2. ゴムベラに持ち替え、サイリウムを全体に素早くふりかける。3
　　分ほど全力で混ぜ、軽く生地をまとめる。

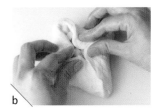

〈 分割 & 仮丸め 〉

3. スケッパーを使い、生地を3等分する（ボウルの中で作業しても、
　　作業台に移して分割してもOK）。

4. 手に油をつけて、それぞれ軽く丸める。

〈 成形 〉　※4で最初に丸めた生地から順に作業する。

5. 12㎝角の正方形に手で伸ばし、ダイスカットチーズ25gの⅔量を
　　全体にちりばめ、生地の四隅を中心に折ってとじる（a・b）。チー
　　ズの残り⅓量をのせ、手前の角から内側にぐるっと巻いてとじ、
　　生地をつまんでラグビーボール形にととのえる（c・d）。

6. クッキングシートを敷いた天板に、*5*をとじ目を下にして並べる。

〈 発酵 〉

7. ふんわりラップをして濡れ布巾をかけ、オーブンの発酵機能40℃
　　で10分発酵させる。取り出して、オーブンを230℃に予熱する。
　　Point ▶ 生地が1.5倍くらいに膨らんだら、発酵完了。

〈 仕上げ & 焼く 〉

8. オーブンの予熱が終わったら、生地に刷毛でまんべんなく油を塗
　　り、ナイフでクープを深めに入れて少し左右に開く（e）。
　　Point ▶ クープが1回で入りにくいときは、同じ場所をなぞって2回ク
　　ープを入れるときれいな割れ目になる。

9. ピザ用チーズをのせ（f）、230℃で12分焼く。

1つの生地で

あんパン＆
ハムマヨパン

甘いパンとしょっぱいパンが
同時に焼ける夢のレシピです。
あんパンは市販のあんこでお手軽に！
甘い⇆しょっぱいの無限ループを楽しめます。

⟶ 作り方は 28 ページ

あんパン＆ハムマヨパン

材料（あんパン、ハムマヨパン各3個分）

A
| 米粉（パン用）····· 200g
| イースト ····· 3g
| 砂糖 ····· 5g
| 塩 ····· 3g

ぬるま湯（37℃前後）····· 215g
サイリウム ····· 7g
あんこ（市販品）····· 120g
スライスハム ····· 3枚
炒りごま（黒）、マヨネーズ、パセリ（刻む）····· 各適量

植物油（作業・仕上げ用）····· 適量

下準備

・あんこの水分をキッチンペーパーなどで取り、40gずつに丸めておく。

作り方

〈 混ぜる 〉

1. ボウルにAを入れ、泡立て器で1分ほどよく混ぜる。ぬるま湯を加え、1〜3分ほど混ぜる。

2. ゴムベラに持ち替え、サイリウムを全体に素早くふりかける。3分ほど全力で混ぜ、軽く生地をまとめる。

〈 分割 & 仮丸め 〉

3. スケッパーを使い、生地を6等分する（ボウルの中で作業しても、作業台に移して分割してもOK）。

4. 手に油をつけて、それぞれ軽く丸める。

〈 成形 〉　※4で最初に丸めた生地から順に作業する。

5. あんパンを3つ作る。直径9㎝の円に手で伸ばし、中心にあんこをのせてスケッパーを使いながら軽く包む（a・b）。片手にのせてとじ目をつまんでとじ、形を丸くととのえる（c・d）。

a

b

c

d

e

f

6. クッキングシートを敷いた天板の半分に、**5** をとじ目を下にして並べる。

g

7. ハムマヨパンを3つ作る。直径 9 ㎝の円に手で伸ばし、ハムを1枚のせ、三つ折りにする（ e ）。長さを半分に折り、輪の部分の中央にキッチンバサミで切り込みを入れる（ f・g ）。

8. 切り口を左右に開いて形をととのえ（ h・i ）、あんパンと同じ天板に並べる。

h

〈 発酵 〉

9. ふんわりラップをして濡れ布巾をかけ、オーブンの発酵機能40℃で 10 分発酵させる。取り出して、オーブンを 210℃に予熱する。
   Point ▶ 生地が 1.5 倍くらいに膨らんだら、発酵完了。

〈 仕上げ & 焼く 〉

i

10. オーブンの予熱が終わったら、あんパンの生地に刷毛でまんべんなく油を塗り、中心に黒ごまをのせる。ハムマヨパンは中心にマヨネーズをかける。

11. 210℃で12分焼く。ハムマヨパンにはパセリを散らす。

裏はジュワッと、
カリッと

中はふわっと

カリもちっ！ 塩パン

かんだ瞬間、ジュワッとバターが
あふれて、しあわせな背徳感！
カップに入れてから焼くことで
バターが生地にしっかりしみこみます。

材料（直径7.5cmの耐熱カップ※5個分）

A ┌ 米粉（パン用）⋯⋯ 200g
　│ イースト ⋯⋯ 3g
　│ 砂糖 ⋯⋯ 5g
　└ 塩 ⋯⋯ 3g
ぬるま湯（37℃前後）⋯⋯ 220g
サイリウム ⋯⋯ 7g
無塩バター ⋯⋯ 30g

植物油（作業用）⋯⋯ 適量
無塩バター（溶かす／仕上げ用）、岩塩 ⋯⋯ 各適量

下準備

・無塩バター30gを6g×5本に細長く切って冷蔵庫に入れておく。

※商品の耐熱温度を確認してから使用してください。アルミカップでもOK。

作り方

〈 混ぜる 〉

1. ボウルにAを入れ、泡立て器で1分ほどよく混ぜる。ぬるま湯を加え、1〜3分ほど混ぜる。

2. ゴムベラに持ち替え、サイリウムを全体に素早くふりかける。3分ほど全力で混ぜ、軽く生地をまとめる。

〈 分割 & 仮丸め 〉

3. スケッパーを使い、生地を5等分する（ボウルの中で作業しても、作業台に移して分割してもOK）。

4. 手に油をつけて、それぞれ軽く丸める。

〈 成形 〉　※4で最初に丸めた生地から順に作業する。

a

5. 上が太く、下が細い棒状になるように両手で生地を転がし（a）、細い方を上にして台に置く。めん棒で縦32×底辺17cmの三角形に伸ばし、底辺の方にバターをのせる（b）。

b

6. スケッパーを使いながら手前から巻き、巻き終わりを軽く押さえてなじませる（c・d）。巻き終わりを下にして耐熱カップのカーブに沿わせるように入れ（e）、天板に並べる。

c

〈 発酵 〉

7. ふんわりラップをして濡れ布巾をかけ、オーブンの発酵機能30℃で10分発酵させる。取り出して、オーブンを220℃に予熱する。
   Point ▶ 生地が1.5倍くらいに膨らんだら、発酵完了。塩パンは中のバターが溶けないように30℃で発酵させる。

d

〈 仕上げ & 焼く 〉

8. オーブンの予熱が終わったら、生地に刷毛でまんべんなく溶かしたバターを塗る。表面に岩塩をふり、220℃で16分焼く。

e

チーズたっぷり平焼きくるみ

丸く成形してから天板ではさんでぺたんこにする平焼きパン。
歯応えのいいくるみとチーズの組み合わせがたまりません！

材料（6個分）

A │ 米粉（パン用）⋯⋯ 200g
　│ イースト ⋯⋯ 3g
　│ 砂糖 ⋯⋯ 10g
　│ 塩 ⋯⋯ 4g
ぬるま湯（37℃前後）⋯⋯ 220g
サイリウム ⋯⋯ 7g
B │ くるみ（素焼き）⋯⋯ 60g
　│ はちみつ（メープルシロップ、水あめでも可）⋯⋯ 10g
ダイスカットチーズ ⋯⋯ 90 〜 120g（6等分しておく）

植物油（作業用）⋯⋯ 適量

下準備

・くるみは粗く砕き、はちみつと混ぜ合わせておく。生のくるみを使う場合は、170℃のオーブンで予熱なしで10分焼いてから砕く。

作り方

〈 混ぜる 〉

1. ボウルにAを入れ、泡立て器で1分ほどよく混ぜる。ぬるま湯を加え、1〜3分ほど混ぜる。

2. ゴムベラに持ち替え、サイリウムを全体に素早くふりかける。3分ほど全力で混ぜ、混ぜ合わせたBを加える。全体に混ざるまで1分ほど混ぜ、軽く生地をまとめる。

〈 分割 & 仮丸め 〉

3. スケッパーを使い、生地を6等分する（ボウルの中で作業しても、作業台に移して分割してもOK）。

4. 手に油をつけて、それぞれ軽く丸める。

〈 成形 〉　※4で最初に丸めた生地から順に作業する。

5. 直径10cmの円に手で伸ばし、中心にチーズをのせて軽く包む（a・b）。片手にのせてとじ目をつまんでとじ、形を丸くととのえる（c）。

6. クッキングシートを敷いた天板に、5をとじ目を下にして並べる。

7. 生地の上にクッキングシートをかぶせ、さらに天板やバットなど（平焼きするための重し）をのせる（d・e）。

〈 発酵 〉

8. オーブンの発酵機能40℃で10分発酵させる。取り出して、オーブンを220℃に予熱する。
   Point ▶ クッキングシートと重しをのせたまま、ラップと濡れ布巾はかけずに発酵させる。生地が少し膨らんだら、発酵完了。

〈 焼く 〉

9. オーブンの予熱が終わったら、クッキングシートと重しをのせたまま220℃で15分焼く。

a

b

c

d

e

いもだらけ ごまだらけ

ほんのり甘く煮たさつまいもを
たっぷり包んで、炒りごまをこれでもか！
というくらいまぶしました。
おやつにぴったりの素朴なパンです。

材料（5個分）

A 米粉（パン用）…… 200g
　 イースト …… 3g
　 砂糖 …… 15g
　 塩 …… 4g

ぬるま湯（37℃前後）…… 215g

サイリウム …… 7g

さつまいもの甘煮 …… レシピ量（右記の作り方参照）

B 炒りごま（黒）…… 10g
　 炒りごま（白）…… 35g

植物油（作業用）…… 適量

下準備
・さつまいもの甘煮を作り、冷ましておく。
・B は混ぜ合わせ、バットに広げる。

作り方

〈 混ぜる 〉

1. ボウルに A を入れ、泡立て器で 1 分ほどよく混ぜる。ぬるま湯を加え、1 〜 3 分ほど混ぜる。

2. ゴムベラに持ち替え、サイリウムを全体に素早くふりかける。3 分ほど全力で混ぜ、軽く生地をまとめる。

〈 分割 & 仮丸め 〉

3. スケッパーを使い、生地を 5 等分する（ボウルの中で作業しても、作業台に移して分割しても OK）。

4. 手に油をつけて、それぞれ軽く丸める。

〈 成形 〉　※ *4* で最初に丸めた生地から順に作業する。

5. 縦 12 ×横 15cm の楕円形に手で伸ばし、さつまいもの甘煮の⅕量を中心にのせる（a）。上下の生地を合わせてとじ、形をととのえる（b・c）。

6. とじ目を上にして B のごまのバットに入れ、軽く押さえながら底面にごまをまぶす（d）。

7. クッキングシートを敷いた天板に、*6* のとじ目を下（ごま側を上）にして並べる。

〈 発酵 〉

8. ふんわりラップをして濡れ布巾をかけ、オーブンの発酵機能 40℃ で 10 分発酵させる。取り出して、オーブンを 220℃に予熱する。
Point ▶ 生地が 1.5 倍くらいに膨らんだら、発酵完了。

〈 仕上げ & 焼く 〉

9. オーブンの予熱が終わったら、生地の表面にキッチンバサミで 3 〜 4 か所、斜めに切り込みを入れ（e）、220℃で 14 分焼く。

さつまいもの甘煮の作り方

材料　さつまいも ……250g　砂糖 ……30g　水 ……20g

作り方

① さつまいもは皮ごと 1cm 角に切り、水にさらして水気をきる。

② 耐熱容器に①、砂糖、水を入れて軽く混ぜる。

③ ふんわりラップをして電子レンジ（600W）で 4 分ほど加熱する。耐熱容器に水分が多く残った場合は、鍋に移して 1 〜 2 分火にかけ、水分をとばす。

アーモンドチョコハード

チョコチップとナッツがザクザク入った定番のおやつパン！
ねじって成形するからカリッとクリスピーに焼けます。

材料（6 本分）

A ｜ 米粉（パン用）····· 200g
　｜ イースト ····· 3g
　｜ 砂糖 ····· 5g
　｜ 塩 ····· 4g
ぬるま湯（37℃前後）····· 220g
サイリウム ····· 8g

B ｜ 素焼きアーモンド（砕く）····· 50g
　｜ チョコチップ ····· 50g

植物油（作業用）····· 適量
米粉（仕上げ用）····· 適量

作り方

〈 混ぜる 〉

1. ボウルに A を入れ、泡立て器で 1 分ほどよく混ぜる。ぬるま湯を
加え、1 〜 3 分ほど混ぜる。

2. ゴムベラに持ち替え、サイリウムを全体に素早くふりかける。3
分ほど全力で混ぜ、B を加える。全体に混ざるまで 1 分ほど混ぜ、
軽く生地をまとめる。

〈 仮丸め 〉

3. 手に油をつけて、生地をひとつに丸める。

〈 成形 〉

4. めん棒で縦 20×横 28cm の長方形に伸ばし、スケッパーで縦に 6
等分する（ a ）。

5. 6 等分した生地の上部 5 mmほどを残し、さらに縦半分に切り込み
を入れる（ b ）。片方の生地を軸にもう片方を巻きつけて二つ編み
にし、両端をキュッととじる（c・d ）。

6. クッキングシートを敷いた天板に *5* を並べる。

〈 発酵 〉

7. ふんわりラップをして濡れ布巾をかけ、オーブンの発酵機能40℃
で10分発酵させる。取り出して、オーブンを 230℃に予熱する。
Point ▶ 生地が 1.5 倍くらいに膨らんだら、発酵完了。

〈 仕上げ & 焼く 〉

8. オーブンの予熱が終わったら、茶こしなどで生地の表面に米粉を
ふり（ e ）、230℃で12分焼く。

a

b

c

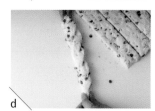
d

e

CHAPTER

2

手軽で万能！

オイル生地の
パン

シンプルな生地に植物油をプラス。オイルを加えることで、さらにふわっと仕上がります。ハード系からお総菜パンまで、幅広いパンが作れる万能生地です。

シンプルプチパン

1章の基本の丸パンの生地と似ていますが、
油が入ることで、よりふわっとします。
サラダやシチューなど、どんな食事とも合う
オールマイティーなもちふわ丸パンです。

⟶ 作り方は 42 ページ

プレーン＆チーズベーグル

同じ生地から2種類のベーグルを作ります。
焼く前に湯通しすることでもっちり食感に。
お湯にはちみつを入れるのはきれいな焼き色を
つけるためなので、ケチらないでくださいね（笑）。

⟶ 作り方は 44 ページ

シンプルプチパン
の作り方

材料（6個分）

A 米粉（パン用）····· 200g
　イースト····· 3g
　砂糖····· 10g
　塩····· 3g
ぬるま湯（37℃前後）····· 215g
植物油（クセのないもの）····· 15g
サイリウム····· 7g

植物油（作業・仕上げ用）····· 適量
米粉（仕上げ用）····· 適量

〈 混ぜる 〉

1. ボウルにAを入れ、泡立て器で1分ほどよく混ぜる。ぬるま湯を加え、1〜3分ほど混ぜる。

2. 油を加え、さらに1〜3分ほど混ぜる。

生地の水分の目安

親指と人差し指で生地をギュッとつまみ、手に少しつくくらいの生地状態になればOK。手につかない場合は、水を小さじ¼ずつ加えましょう。

3. ゴムベラに持ち替え、サイリウムを全体に素早くふりかける。3分ほど全力で混ぜ、軽く生地をまとめる。

Point 生地がなめらかになるように、ボウルにヘラをこすりつけながら混ぜる。

〈 分割 & 仮丸め 〉

4. スケッパーを使い、生地を6等分する（ボウルの中で作業しても、作業台に移して分割してもOK）。

5. 手に油をつけて、それぞれ軽く丸める。

〈 成形 〉

6. 5で最初に丸めた生地から順に丸め直す。両手でコロコロと50回以上転がし、表面がツルツルになったら、クッキングシートを敷いた天板に並べる。

Point 生地の表面をツルツルにすればするほど焼き上がりがきれいになります。生地が乾燥しないよう、適宜手に油を足してください。乾燥防止のため、丸め終わった生地にラップをかけておくのも◎。発酵が進むので、作業はなるべく手早くしましょう。

〈 発酵 〉

7. ふんわりラップをして濡れ布巾をかけ、オーブンの発酵機能40℃で10分発酵させる。取り出して、オーブンを220℃に予熱する。

発酵完了の目安

生地が1.5倍くらいに膨らんだら、発酵完了。表面がぼこぼこしているときは、発酵しすぎの可能性が高い（過発酵になってしまったときはP.95参照）。

〈 仕上げ & 焼く 〉

8. オーブンの予熱が終わったら、生地に刷毛でまんべんなく油を塗る。茶こしなどで米粉をふってナイフでクープを1本入れ、220℃で12分焼く。

クープが1回で入りにくいときは、同じ場所をなぞって2回クープを入れる。クープを入れたらすぐに焼くときれいな割れ目に。

プレーン＆
チーズベーグル
の作り方

材料（プレーン、チーズベーグル各2個分）

A | 米粉（パン用）…… 200g
　| イースト …… 3g
　| 砂糖 …… 10g
　| 塩 …… 4g
ぬるま湯（37℃前後）…… 215g
植物油（クセのないもの）…… 10g
サイリウム …… 7g
ピザ用チーズ（成形用・仕上げ用）…… 適量

植物油（作業用）…… 適量

下準備
・12cm四方に切ったクッキングシートを
　4枚用意する。

〈 混ぜる 〉

1. ボウルにAを入れ、泡立て器で1分ほどよく混ぜる。ぬるま湯を加えて1〜3分ほど混ぜ、油を加えてさらに1〜3分ほど混ぜる。ゴムベラに持ち替え、サイリウムを全体に素早くふりかける。3分ほど全力で混ぜ、軽く生地をまとめる。

〈 分割 & 仮丸め 〉

2. スケッパーを使い、生地を4等分する（ボウルの中で作業しても、作業台に移して分割してもOK）。手に油をつけて、それぞれ軽く丸める。

〈 成形 〉　※2で最初に丸めた生地から順に作業する。

チーズ味の場合

ベーグル1個につきチーズ10gくらいがおすすめ。生地の下1cm、上3cmほどをあけてチーズをのせると巻きやすい。

3. プレーンとチーズ味を2個ずつ作る。めん棒で縦8×横19cmくらいの長方形に伸ばして手前から巻き、巻き終わりを軽く押さえてなじませる。チーズ味は、ピザ用チーズを生地の中央にのせてから巻く。

Point スケッパーを使うと巻きやすい。生地の表面がザラザラするときは油をつけて伸ばす。

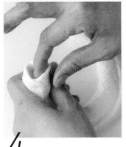

4. 片方の端を指で少しくぼませ、もう一方の端を差し込んで輪にする。

5. 生地のつなぎ目をつまんでとじ、カットしたクッキングシートに巻き終わりを下にしてのせる。輪のつなぎ目を軽く押さえてなじませ、クッキングシートを敷いた天板にシートごと並べる。

Point 天板には天板のサイズに合わせたクッキングシートを敷いておく（湯通ししたベーグルをのせるため）。どれがチーズ入りか覚えておきましょう。

〈 発酵 & 湯通し 〉

6. ふんわりラップをして濡れ布巾をかけ、オーブンの発酵機能 40℃で 10 分発酵させる。取り出して、オーブンを 220℃に予熱する。予熱の途中でフライパンに水 1ℓ（分量外）、はちみつまたは砂糖大さじ1（分量外）を入れて火にかける。

Point 生地が 1.5 倍くらいに膨らんだら、発酵完了。

7. オーブンの予熱が終わり、湯がフツフツと沸騰したら火を止める。生地をシートごと入れ、15秒たったら裏返し、シートを外す。もう片面も15秒ほどたったら手早く引き上げ、クッキングシートを敷いた天板に巻き終わりを下にして並べる。

Point 必ずオーブンの予熱が終わってから、フライパンの火を止めて湯通ししてください。また、加熱時間が長すぎたり、温度が高すぎたりすると生地がふやけて溶けてしまいます。

〈 仕上げ & 焼く 〉

8. チーズを入れた 2 個にはピザ用チーズをかけ、220℃で 15 分焼く。

お椀で！
まん丸カンパーニュ

ハード系のパンも、米粉でカリッとふわっとおいしく焼けます。
カンパーニュ専用の器がなくても身近なお椀でOK。
クープは深めに入れるとかっこよく割れます。
食べる直前にトーストするとカリッと香ばしくておいしいです！

→ 作り方は 48 ページ

まん丸カンパーニュ
の作り方

材料（直径 12.5 ×深さ 8cmのお椀 1 個分）

A ｜ 米粉（パン用）⋯⋯ 200g
　｜ イースト ⋯⋯ 5g
　｜ 砂糖 ⋯⋯ 5g
　｜ 塩 ⋯⋯ 3.5g
ぬるま湯（37℃前後）⋯⋯ 215g
オリーブオイル ⋯⋯ 10g
サイリウム ⋯⋯ 7g

オリーブオイル（作業・仕上げ用）⋯⋯ 適量
米粉（成形・仕上げ用）⋯⋯ 適量

ボウルでもOK

ここではお椀を使っていますが、同じぐらいの大きさのボウルでも作れます。好みのものでお試しください。

〈 混ぜる 〉

1. ボウルに A を入れ、泡立て器で 1 分ほどよく混ぜる。ぬるま湯を加えて 1 〜 3 分ほど混ぜ、オリーブオイルを加えてさらに 1 〜 3 分ほど混ぜる。ゴムベラに持ち替え、サイリウムを全体に素早くふりかける。3 分ほど全力で混ぜ、軽く生地をまとめる。

〈 仮丸め & 成形 〉

2. 手にオリーブオイルをつけて、生地をひとつに丸める。お椀に乾いた布巾をかぶせ、茶こしなどで米粉をたっぷりとふる。

3. 生地を丸め直す。両手でコロコロと50回以上転がし、ひと回り小さくするイメージで表面をツルツルにする。きれいな面を下にしてお椀に入れ、布巾の四隅を生地にふんわりかぶせる。

〈 発酵 〉

4.
オーブンの発酵機能 40℃で 15 分発酵させる。お椀ごと生地を取り出したら、オーブンに天板を裏返した状態で入れ、250℃に予熱する。

Point 生地が 1.5 倍くらいに膨らんだら、発酵完了。お椀のふちから 4cm ほどはみ出るくらいが目安。天板を裏返すと、ふちがないので、*9* で生地を入れやすい。オーブン庫内の温度を下げないために、天板も一緒に予熱する。

〈 仕上げ & 焼く 〉

5.
オーブンの予熱が終わったら、布巾を開いてクッキングシートをのせ、手の平に返してお椀を外す。

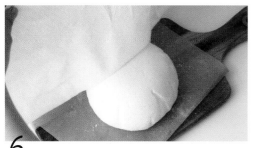

6.
まな板の上にクッキングシートごと移動し、布巾を外す。

7.
茶こしなどで表面に米粉をたっぷりとふり、ナイフで十字に深めのクープを入れる。写真を参考に、縦に 1 本入れたら、端から中心に向かってもう 2 本を入れる。

Point クープが 1 回で入りにくいときは、同じ場所をなぞって 2 回クープを入れるときれいな割れ目になる。

8.
クープの左右の側面（全 8 か所）にもナイフを横にして切り込みを入れ、切れ目にオリーブオイルをたらす。

Point 側面にも切り込み（隠しクープ）を入れることで、クープが開きやすくなる。オイルにも、クープをきれいに開かせる効果が。発酵が進むので、作業はなるべく手早くしましょう。

9.
8 をまな板から滑らせてオーブン庫内の天板にのせ、焼き色がつくまで 250℃で 20 分ほど焼く。焼き立ては切りにくいので、よく冷ましてから切る。

ごま mini 食パン

黒と白、2種のごまの香りが華やかなmini食パン。
パウンド型で焼くので、少し小さめで食べやすいサイズです。
スライスは焼き上がりから1～2時間たってからがベスト！
ごまを加えなければ、プレーンmini食パンが作れます。

⟶ 作り方は 52 ページ

ヨーグルト入りツナマヨでヘルシー。ふんわり香るわさびがポイント!

⟶ 作り方は 53 ページ

ごま食パン ✁ mini

材料（18×8.5×高さ6cmのパウンド型1台分）

A｜米粉（パン用）…… 200g
　｜イースト …… 5g
　｜砂糖 …… 10g
　｜塩 …… 3g
ぬるま湯（37℃前後）…… 220g
植物油（クセのないもの）…… 15g
サイリウム …… 7g
B｜炒りごま（黒）…… 20g
　｜炒りごま（白）…… 10g

植物油（作業・仕上げ用）…… 適量

下準備

・パウンド型にクッキングシートを敷く。

作り方

〈 混ぜる 〉

1. ボウルにAを入れ、泡立て器で1分ほどよく混ぜる。ぬるま湯を加えて1〜3分ほど混ぜ、油を加えて1〜3分ほど混ぜる。

2. ゴムベラに持ち替え、サイリウムを全体に素早くふりかける。3分ほど全力で混ぜ、Bを加える。全体に混ざるまで1分ほど混ぜ、軽く生地をまとめる。

〈 仮丸め 〉

3. 手に油をつけて、生地をひとつに丸める。

〈 成形 〉

4. 縦26×横16cmの長方形にめん棒で伸ばす（a）。手前からふんわりと巻き、巻き終わりを下にしてクッキングシートを敷いた型に入れる（b〜d）。
　 Point ▶ 型に収まるように生地のサイズを測りながら、長方形に伸ばす。

〈 発酵 〉

5. ふんわりラップをして濡れ布巾をかけ、オーブンの発酵機能40℃で15分発酵させる。型を取り出して、天板をオーブンに入れ、200℃に予熱する。
　 Point ▶ 生地がパウンド型のふちから2cmほどはみ出たら、発酵完了。オーブン庫内の温度を下げないために、天板も一緒に予熱する。

〈 仕上げ & 焼く 〉

6. オーブンの予熱が終わったら、生地に刷毛でまんべんなく油を塗り、200℃で22分焼く。粗熱が取れたら型から出し、よく冷ましてから切る。

a

b

c

d

材料

ごま mini 食パン …… 適量

A｜ツナ缶（油漬け・油をきる）…… 1 缶（70g）
｜マヨネーズ …… 15g
｜ヨーグルト …… 10g
｜わさび（チューブ）…… 1 〜 2cm

好みの具材 …… 適量

作り方

① ボウルに A を入れてよく混ぜ合わせ、ツナマヨを作る。

② パンを好みの厚さに切って①、好みの具材をはさみ、ラップで包んで少し置く。

③ 具材がなじんだらラップごと半分に切り、ラップをはずして器に盛る（ミニサイズなので、切らなくてもOK）。

ミニパウンド型を使って
もっと小さくかわいく♡

ミニミニごま食パン

ごま mini 食パンと同じ材料で、
ミニパウンド型 3 個分の食パンが作れます。
作り方はほとんど同じ。
プレゼントにしても喜ばれます。

作り方（12×6×高さ5cmのミニパウンド型 3 個分）

1. 「ごま mini 食パン」（P.52）の工程 *2* まで同様に生地を作る。

2. スケッパーを使い、生地を 3 等分する。

3. 手に油をつけて、それぞれ軽く丸める。

4. 縦15×横 9cmの長方形にめん棒で伸ばす。手前からふんわりと巻き、巻き終わりを下にしてクッキングシートを敷いた型に入れる。

5. ふんわりラップをして濡れ布巾をかけ、オーブンの発酵機能40℃で10分発酵させる。型を取り出して、天板をオーブンに入れ、200℃に予熱する。

6. オーブンの予熱が終わったら、生地に刷毛でまんべんなく油を塗り、200℃で 20 分焼く。粗熱が取れたら型から出し、よく冷ましてから切る。

ピザパン

オーソドックスな具材をのせて焼いたピザパン。
生地を大きく1枚にして焼いてもいいですよ。
カレー粉やバジルを生地に混ぜ込むのもおすすめ。
トッピングは好みのものでお試しください！

材料（6枚分）

A | 米粉（パン用）⋯⋯ 200g
  | イースト ⋯⋯ 3g
  | 砂糖 ⋯⋯ 5g
  | 塩 ⋯⋯ 3g
ぬるま湯（37℃前後）⋯⋯ 215g
オリーブオイル ⋯⋯ 10g
サイリウム ⋯⋯ 7g

ピザソース ⋯⋯ 適量
B | 玉ねぎ（薄切り）⋯⋯ ¼個
  | ピーマン（輪切り）⋯⋯ 1個
  | ソーセージ（輪切り）⋯⋯ 4本
  | コーン缶（ホール）⋯⋯ 適量
ピザ用チーズ ⋯⋯ 適量

植物油（作業用）⋯⋯ 適量

下準備

・Bの具材を用意し、キッチン
ペーパーで水気を拭いておく。

作り方

〈 混ぜる 〉

1. ボウルにAを入れ、泡立て器で1分ほどよく混ぜる。ぬるま湯を
   加えて1〜3分ほど混ぜ、オリーブオイルを加えて1〜3分ほど
   混ぜる。

2. ゴムベラに持ち替え、サイリウムを全体に素早くふりかける。3
   分ほど全力で混ぜ、軽く生地をまとめる。

〈 分割 & 仮丸め 〉

3. スケッパーを使い、生地を6等分する（ボウルの中で作業しても、
   作業台に移して分割してもOK）。

4. 手に油をつけて、それぞれ軽く丸める。

〈 成形 〉　　※4で最初に丸めた生地から順に作業する。

5. 直径10cmの円に手で伸ばし、クッキングシートを敷いた天板に並
   べる（a）。

〈 発酵 〉

6. ふんわりラップをして濡れ布巾をかけ、オーブンの発酵機能40℃
   で10分発酵させる。取り出して、オーブンを230℃に予熱する。
   Point ▶ 生地が1.5倍くらいに膨らんだら、発酵完了。

a

〈 仕上げ & 焼く 〉

7. オーブンの予熱が終わったら、生地にピザソースを塗ってBをト
   ッピングする（b）。チーズを散らし、230℃で12分焼く。

b

ふわもちコッペ

ほんのり甘くてふわっとやわらかな懐かしのコッペパン。あんバターやコロッケをはさむとこれまた絶品です。お好きな具材をはさんでどうぞ！

材料（4個分）

A｜米粉（パン用）…… 200g
　｜イースト …… 3g
　｜砂糖 …… 15g
　｜塩 …… 3g
ぬるま湯（37℃前後）…… 215g
植物油（クセのないもの）…… 15g
サイリウム …… 7g

植物油（作業・仕上げ用）…… 適量

作り方

〈 混ぜる 〉

1. ボウルにAを入れ、泡立て器で1分ほどよく混ぜる。ぬるま湯を加えて1〜3分ほど混ぜ、油を加えて1〜3分ほど混ぜる。

2. ゴムベラに持ち替え、サイリウムを全体に素早くふりかける。3分ほど全力で混ぜ、軽く生地をまとめる。

〈 分割＆仮丸め 〉

3. スケッパーを使い、生地を4等分する（ボウルの中で作業しても、作業台に移して分割してもOK）。

4. 手に油をつけて、それぞれ軽く丸める。

〈 成形 〉　※4で最初に丸めた生地から順に作業する。

5. 10cm四方に手で伸ばす。生地の上下を中央に向けて折り（a・b）、さらに半分に折る（c）。

a

b

c

6. とじ目をつまんでとじ（d）、優しく転がして長さ15cmくらいのコッペパン形にととのえる。

7. クッキングシートを敷いた天板に、6をとじ目を下にして並べる（e）。

d

〈 発酵 〉

8. ふんわりラップをして濡れ布巾をかけ、オーブンの発酵機能40℃で10分発酵させる。取り出して、オーブンを210℃に予熱する。
   Point ▶ 生地が1.5倍くらいに膨らんだら、発酵完了。

〈 仕上げ＆焼く 〉

9. オーブンの予熱が終わったら、生地に刷毛でまんべんなく油を塗り、210℃で12分焼く。

e

枝豆チーズパン

焼いた枝豆が甘くてほくほく! やみつきになるおいしさです。
仕上げは粉チーズと黒こしょうの2種。切りっぱなしだから成形が簡単です。

材料（8個分）

A | 米粉（パン用）····· 200g
　| イースト ····· 3g
　| 砂糖 ····· 5g
　| 塩 ····· 3.5g
ぬるま湯（37℃前後）····· 215g
オリーブオイル ····· 10g
サイリウム ····· 7g

B | むき枝豆（冷凍）····· 正味 100g
　| ダイスカットチーズ ····· 60g
粉チーズ、黒こしょう ····· 各適量

植物油（作業・仕上げ用）····· 適量

下準備

・枝豆は解凍し、キッチンペーパーで水気を拭きとる。生のものを使う場合は、ゆでてさやから取り出し、同様に水気を拭きとる。

作り方

〈 混ぜる 〉

1. ボウルにAを入れ、泡立て器で1分ほどよく混ぜる。ぬるま湯を加えて1〜3分ほど混ぜ、オリーブオイルを加えて1〜3分ほど混ぜる。

2. ゴムベラに持ち替え、サイリウムを全体に素早くふりかける。3分ほど全力で混ぜてBを加える。生地を切っては重ねを繰り返し、具をつぶさないように混ぜ込む（a）。全体に具がいきわたったら、軽く生地をまとめる。

a

〈 仮丸め 〉

3. 手に油をつけて、生地をひとつに丸める。

〈 成形 〉

4. 縦12×横24cmの長方形にめん棒で伸ばし、スケッパーで8等分に切る（b）。

5. クッキングシートを敷いた天板に、4を並べる（c）。

b

〈 発酵 〉

6. ふんわりラップをして濡れ布巾をかけ、オーブンの発酵機能40℃で10分発酵させる。取り出して、オーブンを230℃に予熱する。
   Point ▶ 生地が1.5倍くらいに膨らんだら、発酵完了。

c

〈 仕上げ & 焼く 〉

7. オーブンの予熱が終わったら、生地に刷毛でまんべんなく油を塗り、4個に粉チーズ、4個に黒こしょうをふる。ナイフで斜めに1本深めのクープを入れ、左右に少し切れ目を広げる（d）。
   Point ▶ このクープはデザインなので省略しても構いません。

8. 230℃で14分焼く。

d

カリッともっちり
ベーコンエピ

難しそうに見えるエピもじつは簡単！
切り込みを大胆に入れるのが成形のコツです。
チーズや大葉を一緒に巻くのもおすすめ。

材料（3本分）

A 米粉（パン用）····· 200g
　　イースト ····· 3g
　　砂糖 ····· 7g
　　塩 ····· 4g
ぬるま湯（37℃前後）····· 210g
植物油（クセのないもの）····· 10g
サイリウム ····· 7g

ベーコン（ロングタイプ）····· 4枚
黒こしょう ····· 適量

植物油（作業・仕上げ用）····· 適量
米粉（仕上げ用）····· 適量

下準備

・ベーコンは1枚だけ3等分に切っておく。

作り方

〈 混ぜる 〉

1. ボウルにAを入れ、泡立て器で1分ほどよく混ぜる。ぬるま湯を加えて1〜3分ほど混ぜ、油を加えて1〜3分ほど混ぜる。

2. ゴムベラに持ち替え、サイリウムを全体に素早くふりかける。3分ほど全力で混ぜ、軽く生地をまとめる。

〈 分割＆仮丸め 〉

3. スケッパーを使い、生地を3等分する（ボウルの中で作業しても、作業台に移して分割してもOK）。

4. 手に油をつけて、それぞれ軽く丸める。

〈 成形 〉　※4で最初に丸めた生地から順に作業する。

5. 縦10×横28cmの長方形にめん棒で伸ばす。手前を少しあけてベーコン1枚と⅓枚を横に並べ、黒こしょうをふる。スケッパーを使い、手前から巻く（a）。

6. 生地の巻き終わりを軽く押さえてなじませる（b）。

7. クッキングシートを敷いた天板に、6の巻き終わりを下にして並べる。

〈 発酵 〉

8. ふんわりラップをして濡れ布巾をかけ、オーブンの発酵機能40℃で10分発酵させる。取り出して、オーブンを230℃に予熱する。
   Point ▶ 生地が1.5倍くらいに膨らんだら、発酵完了。

〈 仕上げ＆焼く 〉

9. オーブンの予熱が終わったら、生地に刷毛でまんべんなく油を塗り、茶こしなどで軽く米粉をふる。キッチンバサミを斜め45度に傾けて2cm間隔くらいで切り込みを入れながら、互い違いに生地をずらしていく（c〜e）。
   Point ▶ 切り込みは、生地がちぎれないギリギリの深さまで入れると、きれいに焼き上がる。

10. 230℃で18分焼く。

a

b

c

d

e

じゃがマヨコーンパン

コロコロのじゃがいも入りで食べ応え十分。
マヨの酸味×コーンの甘みに
黒こしょうがアクセント!
さっぱりめの生地に具材がよく合います。

材料(6個分)

A 米粉(パン用)……200g
　 イースト……3g
　 砂糖……5g
　 塩……3g

ぬるま湯(37℃前後)……210g
植物油(クセのないもの)……15g
サイリウム……7g
じゃがマヨコーン……レシピ量(右記の作り方参照)
マヨネーズ、黒こしょう(好みで)……各適量

植物油(作業・仕上げ用)……適量

下準備

・じゃがマヨコーンを作り、冷ましておく。

作り方

〈 混ぜる 〉

1. ボウルに A を入れ、泡立て器で 1 分ほどよく混ぜる。ぬるま湯を加えて 1 〜 3 分ほど混ぜ、油を加えて 1 〜 3 分ほど混ぜる。

2. ゴムベラに持ち替え、サイリウムを全体に素早くふりかける。3 分ほど全力で混ぜ、軽く生地をまとめる。

〈 分割 & 仮丸め 〉

3. スケッパーを使い、生地を 6 等分する（ボウルの中で作業しても、作業台に移して分割しても OK）。

4. 手に油をつけて、それぞれ軽く丸める。

〈 成形 〉　※4 で最初に丸めた生地から順に作業する。

5. 直径 12cm の円に手で伸ばし、中心にじゃがマヨコーンの⅙量をのせてスケッパーを使いながら軽く包む（a・b）。片手にのせてとじ目をつまんでとじ、形を丸くととのえる（c）。

6. クッキングシートを敷いた天板に、とじ目を下にして 5 を並べる。

〈 発酵 〉

7. ふんわりラップをして濡れ布巾をかけ、オーブンの発酵機能 40℃ で 10 分発酵させる。取り出して、オーブンを 220℃ に予熱する。
   Point ▶ 生地が 1.5 倍くらいに膨らんだら、発酵完了。

〈 仕上げ & 焼く 〉

8. オーブンの予熱が終わったら、生地に刷毛でまんべんなく油を塗り、中心にキッチンバサミで十字に切り込みを入れる（d）。写真を参考に、横に 1 回切ったら、中心から端に向かってもう 2 回切る。

9. 十字の中央にマヨネーズを絞り、220℃ で 15 分焼く。好みで黒こしょうをふる。

じゃがマヨコーンの作り方

材料

じゃがいも ····· 100g

A ｜ コーン缶（ホール・水気をきる）····· 40g
　　マヨネーズ ····· 25g
　　砂糖 ····· 1g
　　黒こしょう ····· 少々

作り方

① じゃがいもは皮をむいて 1cm 角に切り、水（分量外）にさらして水気をきる。

② 耐熱皿に①を入れ、ふんわりラップをして電子レンジ（600W）で 3 分ほど加熱する。

③ 粗熱が取れたら、A を加えて混ぜ合わせる。

おつまみチーズカリパリ

薄く焼いた生地とはみ出たチーズがカリカリッとおいしい！
ビールやワインにもよく合うおつまみパンです。

材料（18枚分）

A 米粉（パン用）⋯⋯70g	オリーブオイル⋯⋯5g
イースト⋯⋯2g	サイリウム⋯⋯3g
砂糖⋯⋯2g	ピザ用チーズ⋯⋯55gくらい
塩⋯⋯2g	黒こしょう（好みで）⋯⋯適量
ぬるま湯（37℃前後）⋯⋯75g	
	植物油（作業・仕上げ用）⋯⋯適量

作り方

〈 混ぜる 〉

1. ボウルにAを入れ、泡立て器で1分ほどよく混ぜる。ぬるま湯を加えて1〜3分ほど混ぜ、オリーブオイルを加えて1〜3分ほど混ぜる。

2. ゴムベラに持ち替え、サイリウムを全体に素早くふりかける。3分ほど全力で混ぜ、軽く生地をまとめる。

〈 仮丸め 〉

3. 手に油をつけて、生地をひとつに丸める。

〈 成形 〉

4. 縦15×横30cmの長方形にめん棒で伸ばし、スケッパーで縦に6等分に切る（a）。

5. 生地の上半分にチーズを散らし（上から1cmはあけておく）、好みで黒こしょうをふる（b）。

6. 下半分の生地をチーズにかぶせるように折る（c）。1枚ずつめん棒で上から薄く伸ばし、スケッパーで1枚を3分割する（d）。

   Point ▶ チーズがはみ出ても気にしないで大丈夫。3分割するときの形はランダムでOK。

7. クッキングシートを敷いた天板に、6を計18枚並べる（e）。

〈 発酵 〉

8. ふんわりラップをして濡れ布巾をかけ、オーブンの発酵機能40℃で10分発酵させる。取り出して、オーブンを230℃に予熱する。

〈 仕上げ＆焼く 〉

9. オーブンの予熱が終わったら、生地に刷毛でまんべんなく油を塗り、230℃で12分焼く。

   Point ▶ 仕上げに塗る油は、好みでオリーブオイルにしてもおいしい。

サイリウムなしだと、生地を混ぜるのがラク。味は本格的です！

シンプルパン

天板ごと焼いて、どーんと食卓へ。
お好きな具のハーフ＆ハーフでどうぞ。

もちパリ
天板ピザ

食べるときは、キッチンバサミで
食べやすくカット！

材料（天板1枚分）

A｜米粉（パン用）…… 230g
　｜イースト …… 3g
　｜砂糖 …… 5g
　｜塩 …… 3g
ぬるま湯（37℃前後）…… 230g
植物油（クセのないもの）…… 13g
好みの具材（サラミ、ピザ用チーズ、
　バナナ、チョコ、ナッツなど）…… 適量

下準備

・天板の側面を覆うように、クッキング
　シートを敷く（写真a参照。シートの四
　隅は切り込みを入れなくてよい）。

a

作り方

〈混ぜる〉

1. ボウルにAを入れ、泡立て器で1分ほどよく混ぜる。
ぬるま湯を加えて1〜3分ほど混ぜ、油を加えて1
〜3分ほど混ぜる。

〈成形〉

2. クッキングシートを敷いた天板に1を流し入れる。

〈発酵〉

3. ラップをかけずに室温（27℃くらい）で30分発酵させ
る。25分たったら、オーブンを250℃に予熱する。
Point ▶ 生地が少し膨らんだら、発酵完了。

〈仕上げ＆焼く〉

4. オーブンの予熱が終わったら、生地の表面に好みの
具材（今回はサラミ×ピザ用チーズ、バナナ×板チョコ＆チ
ョコチップ×くるみの2種類をトッピング）を散らし（a）、
250℃で15分焼く。

ふわふわ　フォカッチャ

ローズマリーが爽やかに香ります。トースターで温めてもおいしい！

材料（17×17×深さ7cmの耐熱皿1台分）

A｜米粉（パン用）⋯⋯230g
　｜イースト⋯⋯3g
　｜砂糖⋯⋯5g
　｜塩⋯⋯3g
ぬるま湯（37℃前後）⋯⋯215g
オリーブオイル⋯⋯13g
オリーブオイル（仕上げ用）、岩塩、
ローズマリー（ドライ）⋯⋯各適量

下準備

・耐熱皿にクッキングシートを敷く
（生地がもれないように、シートの四
隅をねじるだけでもよい）。

a

作り方

〈 混ぜる 〉

1. ボウルにAを入れ、泡立て器で1分ほどよく混ぜる。
ぬるま湯を加えて1〜3分ほど混ぜ、オリーブオイ
ルを加えて1〜3分ほど混ぜる。

〈 成形 〉

2. クッキングシートを敷いた耐熱皿に1を流し入れる。

〈 発酵 〉

3. 生地がつかないようにふんわりラップをして濡れ布巾
をかけ、オーブンの発酵機能40℃で20分発酵させ
る。取り出して、天板をオーブンに入れ、250℃に予
熱する。
Point ▶ 生地が1.5倍くらいに膨らんだら、発酵完了。

〈 仕上げ＆焼く 〉

4. オーブンの予熱が終わったら、生地の表面にオリー
ブオイル、岩塩、ローズマリーをトッピングし（a）、
250℃で20分焼く。
Point ▶ オリーブオイルの代わりにごま油を使うと中華っ
ぽい味に。焼き立ては切りにくいので、冷ましてから切る。

3

ふんわりリッチ

バター生地の
パン

生地にバターを混ぜ込めば、米粉パンもリッチな味わいに。食感はこの本で紹介する生地の中でいちばんふわふわ！ メロンパンやクリームパンなど、甘いパンに向いています。

ふわふわ丸パン3種

プレーンのふわふわ丸パンにひと手間加えるだけで、
抹茶ホワイトチョコ味とココアチョコ味も作れます。
イーストは赤サフより金サフがおすすめ。
赤サフを使う場合は1g増やすと作りやすいですよ。

（ プレーン ）

（ 抹茶ホワイトチョコ ）

—> 作り方は72ページ

—> 作り方は74ページ

（ ココアチョコ ）

⟶ 作り方は 74 ページ

ふわふわ丸パン

（ プレーン ）

の作り方

材料（6個分）

A 米粉（パン用）····· 200g
　イースト ····· 3g
　砂糖 ····· 15g
　塩 ····· 3g
ぬるま湯（37℃前後）····· 215g
無塩バター（溶かす※）····· 20g
サイリウム ····· 7g

植物油（作業用）····· 適量
米粉（仕上げ用）····· 適量

※無塩バターは湯せんするか電子レンジ（600W）で20〜30秒ほど加熱して溶かす。バターが熱すぎるとイーストの勢いがなくなってしまうので、人肌に冷ましてから加えましょう。多少溶け残りがあっても大丈夫。

生地の水分の目安

親指と人差し指で生地をギュッとつまみ、手に少しつくくらいの生地状態になればOK。手につかない場合は、水を小さじ¼ずつ加えましょう。

〈 混ぜる 〉

1. ボウルにAを入れ、泡立て器で1分ほどよく混ぜる。ぬるま湯を加えて1〜3分ほど混ぜ、溶かしたバターを加えて1〜3分ほど混ぜる。

2. ゴムベラに持ち替え、サイリウムを全体に素早くふりかける。3分ほど全力で混ぜ、軽く生地をまとめる。

Point 生地がなめらかになるように、ボウルにヘラをこすりつけながら混ぜる

〈 分割 & 仮丸め 〉

3. スケッパーを使い、生地を6等分する（ボウルの中で作業しても、作業台に移して分割してもOK）。

4. 手に油をつけて、それぞれ軽く丸める。

〈 成形 〉

5. 4で最初に丸めた生地から順に丸め直
す。両手でコロコロと50回以上転がし、
表面がツルツルになったら、クッキングシ
ートを敷いた天板に並べる。

Point 生地の表面をツルツルにすればするほど焼き
上がりがきれいになります。生地が乾燥しな
いよう、適宜手に油を足してください。乾燥
防止のため、丸め終わった生地にラップをか
けておくのも◎。発酵が進むので、作業はな
るべく手早くしましょう。

〈 発酵 〉

6. ふんわりラップをして濡れ布巾をかけ、
オーブンの発酵機能40℃で10分発酵
させる。取り出して、オーブンを200℃
に予熱する。

〈 仕上げ＆焼く 〉

7. オーブンの予熱が終わったら、生地に茶
こしなどで米粉をふり、それぞれにクー
プを5本入れる。写真を参考に、中央
に1本、両サイドに2本、弧を描くよう
に入れるときれいに仕上がる。

Point クープが1回で入りにくいときは、同じ場所
をなぞって2回クープを入れるときれいな割
れ目に。

8. 200℃で12分焼く。

発酵完了の目安

生地が1.5倍くらいに膨
らんだら、発酵完了。表
面がぼこぼこしていると
きは、発酵しすぎの可能
性が高い（過発酵になっ
てしまったときはP.95参
照）。

アレンジ！

ふわふわ丸パン

〈 抹茶ホワイトチョコ・ココアチョコ 〉

「抹茶やココアを加えると膨らみにくい問題」を先に米粉と混ぜておくことで解消！甘いチョコチップが入ったカラフルなパンは朝食にもおやつにも喜ばれます。

（ 抹茶ホワイトチョコ ）

材料（6個分）

A | 米粉（パン用）⋯⋯ 194g
  | 抹茶パウダー ⋯⋯ 6g
  | イースト ⋯⋯ 4g
  | 砂糖 ⋯⋯ 15g
  | 塩 ⋯⋯ 2g

ぬるま湯（37℃前後）⋯⋯ 220g
無塩バター（溶かす）⋯⋯ 20g
サイリウム ⋯⋯ 7g
ホワイトチョコチップ ⋯⋯ 30g

植物油（作業用）⋯⋯ 適量
米粉（仕上げ用）⋯⋯ 適量

（ ココアチョコ ）

材料（6個分）

A | 米粉（パン用）⋯⋯ 190g
  | ココアパウダー ⋯⋯ 10g
  | イースト ⋯⋯ 4g
  | 砂糖 ⋯⋯ 15g
  | 塩 ⋯⋯ 2g

ぬるま湯（37℃前後）⋯⋯ 220g
無塩バター（溶かす）⋯⋯ 20g
サイリウム ⋯⋯ 7g
チョコチップ ⋯⋯ 30g

植物油（作業用）⋯⋯ 適量
米粉（仕上げ用）⋯⋯ 適量

作り方

1. ボウルにAを入れ、泡立て器で1分ほどよく混ぜる。ぬるま湯を加えて1〜3分ほど混ぜ、溶かしたバターを加えて1〜3分ほど混ぜる。
   Point ▶ ここで抹茶やココアを混ぜておくことでふっくら仕上がる。サイリウムを加えた後に抹茶やココアを混ぜると膨らみにくい生地になってしまうので、入れ忘れに注意。

2. ゴムベラに持ち替え、サイリウムを全体に素早くふりかける。3分ほど全力で混ぜ、ホワイトチョコ（抹茶味の場合）またはチョコチップ（ココア味の場合）を加える。全体に混ざるまで1分ほど混ぜ、軽く生地をまとめる。

3. ここからは「ふわふわ丸パン（プレーン）」（P.72）の工程3〜8と同様に作る。

コーヒーうず巻きパン

白と茶、2色の生地を重ねて巻くだけで、
ぐるぐるかわいい断面ができあがります！
焼けた1時間後くらいがカットに最適。
コーヒーを同量の抹茶に代えてもOK。

—> 作り方は76ページ

コーヒー うず巻きパン の作り方

材料
（18×8.5×高さ6cmのパウンド型1台分）

A 米粉（パン用）…… 200g
　 イースト …… 5g
　 砂糖 …… 20g
　 塩 …… 3g
ぬるま湯（37℃前後）…… 210g
無塩バター（溶かす）…… 15g
サイリウム …… 7g
インスタントコーヒー（細かいもの）…… 4g
チョコチップ …… 20g
スライスアーモンド …… 適量

植物油（作業用）…… 適量
無塩バター（溶かす／仕上げ用）…… 適量

下準備
・パウンド型にクッキングシートを敷く。

〈 混ぜる 〉

1. ボウルにAを入れ、泡立て器で1分ほどよく混ぜる。ぬるま湯を加えて1〜3分ほど混ぜ、溶かしたバターを加えて1〜3分ほど混ぜる。ゴムベラに持ち替え、サイリウムを全体に素早くふりかける。3分ほど全力で混ぜ、軽く生地をまとめる。

〈 分割 & 仮丸め 〉

2. スケッパーを使って生地を2等分する。半分はボウルから出し、手に油をつけてひとつに丸める（プレーン生地）。

3. ボウルの中の生地にインスタントコーヒーを加える。白い部分がなくなるように1分ほどゴムベラで混ぜ、手に油をつけてひとつに丸める（コーヒー生地）。

〈 成形 〉

4. プレーン生地とコーヒー生地を縦25×横13cmの長方形にめん棒で伸ばす。

Point 型に収まるように生地のサイズを測りながら、長方形に伸ばす。

5. スケッパーを使いながら、コーヒー生地をプレーン生地の上にのせる。

6. チョコチップをコーヒー生地の上に散らし、手前からふんわりと巻く。

7. 巻き終わりを下にして、クッキングシートを敷いた型に入れる。

〈 発酵 〉

8. ふんわりラップをして濡れ布巾をかけ、オーブンの発酵機能40℃で10〜15分発酵させる。型を取り出して、天板をオーブンに入れ、200℃に予熱する。

Point 生地がパウンド型のふちから2cmほどはみ出たら、発酵完了。オーブン庫内の温度を下げないために、天板も一緒に予熱する。

〈 仕上げ & 焼く 〉

9. オーブンの予熱が終わったら、生地に刷毛でまんべんなく溶かしたバターを塗る。スライスアーモンドをのせ、200℃で22分焼く。粗熱が取れたら型から出し、よく冷ましてから切る。

毎朝食べたいバターロール

生地にバターをたっぷり混ぜ込んだ風味豊かな定番バターロール。食べ続けても飽きないのが米粉パンのいいところです。ジャムやハムなどをはさんでも◎。

材料（6個分）

A 米粉（パン用）⋯⋯ 200g
　　イースト ⋯⋯ 3g
　　砂糖 ⋯⋯ 15g
　　塩 ⋯⋯ 3g
ぬるま湯（37℃前後）⋯⋯ 215g
無塩バター（溶かす）⋯⋯ 20g
サイリウム ⋯⋯ 7g

植物油（作業用）⋯⋯ 適量
無塩バター（溶かす／仕上げ用）⋯⋯ 適量

作り方

〈 混ぜる 〉

1. ボウルにAを入れ、泡立て器で1分ほどよく混ぜる。ぬるま湯を加えて1〜3分ほど混ぜ、溶かしたバターを加えて1〜3分ほど混ぜる。

2. ゴムベラに持ち替え、サイリウムを全体に素早くふりかける。3分ほど全力で混ぜ、軽く生地をまとめる。

〈 分割 & 仮丸め 〉

3. スケッパーを使い、生地を6等分する（ボウルの中で作業しても、作業台に移して分割してもOK）。

4. 手に油をつけて、それぞれ軽く丸める。

〈 成形 〉　※4で最初に丸めた生地から順に作業する。

5. 上が太く、下が細い棒状になるように両手で生地を転がし（a）、長さ13cmくらいにする。細い方を上にして台に置き、めん棒とスケッパーで縦28×底辺9cmのしずく形に整える（b）。

6. 手前からやさしく巻き、巻き終わりを軽く押さえてなじませる（c・d）。

7. クッキングシートを敷いた天板に、6を巻き終わりを下にして並べる。

〈 発酵 〉

8. ふんわりラップをして濡れ布巾をかけ、オーブンの発酵機能40℃で10分発酵させる。取り出して、オーブンを210℃に予熱する。
　 Point ▶ 生地が1.5倍くらいに膨らんだら、発酵完了。

〈 仕上げ & 焼く 〉

9. オーブンの予熱が終わったら、生地に刷毛でまんべんなく溶かしたバターを塗り、210℃で12分焼く。

a

b

c

d

ふんわりシナモンロール

コーンスターチを加えて軽い食感に仕上げました。
甘さ控えめでシナモンの香りが引き立ちます。

材料（5個分）

A｜米粉（パン用）⋯⋯ 150g
　｜コーンスターチ ⋯⋯ 50g
　｜イースト ⋯⋯ 3g
　｜砂糖 ⋯⋯ 10g
　｜塩 ⋯⋯ 3g
ぬるま湯（37℃前後）⋯⋯ 200g
無塩バター（溶かす）⋯⋯ 20g
サイリウム ⋯⋯ 7g

B｜シナモンパウダー ⋯⋯ 4g
　｜グラニュー糖 ⋯⋯ 15g

植物油（作業用）⋯⋯ 適量
無塩バター（溶かす／成形・仕上げ用）⋯⋯ 適量

下準備

・B は混ぜ合わせ、シナモンシュガーにする。

作り方

〈 混ぜる 〉

1. ボウルに A を入れ、泡立て器で 1 分ほどよく混ぜる。ぬるま湯を加えて 1 〜 3 分ほど混ぜ、溶かしたバターを加えて 1 〜 3 分ほど混ぜる。

2. ゴムベラに持ち替え、サイリウムを全体に素早くふりかける。3 分ほど全力で混ぜ、軽く生地をまとめる。

〈 仮丸め 〉

3. 手に油をつけて、生地をひとつに丸める。

a

〈 成形 & 分割 〉

4. 縦 27 ×横 22㎝の長方形にめん棒で伸ばす。上から1㎝をあけ、刷毛で溶かしたバターを塗る（ a ）。

5. 同様に上から1㎝をあけ、シナモンシュガーをふりかける。表面を手で軽く押さえてなじませ、スケッパーを使って手前から巻く（ b ）。
Point ▶ 巻き終わりがとじやすいように、生地の上から 1㎝はあけておく。

b

6. 巻き終わりを下にし、スケッパーで生地を 5 等分する。巻き終わりを軽く押さえてなじませ、断面を上にしてクッキングシートを敷いた天板に並べる（ c ）。

c

〈 発酵 〉

7. ふんわりラップをして、ラップの上から軽く生地を押さえる（ d ）。濡れ布巾をかけ、オーブンの発酵機能40℃で10 〜 15 分ほど発酵させる。取り出して、オーブンを210℃に予熱する。
Point ▶ 生地が 1.5 倍くらいに膨らんだら、発酵完了。

〈 仕上げ & 焼く 〉

8. オーブンの予熱が終わったら、生地に刷毛でまんべんなく溶かしたバターを塗り、210℃で 14 分焼く。

d

白いクリームパン

レンチンでできる米粉カスタードが便利。
パン生地でクリームを包んだら、
低温で焼いてふわふわ真っ白に仕上げます。
とろとろクリームのやさしい甘さに癒されて。

材料（6個分）

A	米粉（パン用） …… 200g
	イースト …… 3g
	砂糖 …… 5g
	塩 …… 3g

ぬるま湯（37℃前後） …… 210g

無塩バター（溶かす） …… 20g

サイリウム …… 7g

米粉カスタードクリーム …… レシピ量（右記の作り方参照）

植物油（作業用） …… 適量

米粉（仕上げ用） …… 適量

下準備

・米粉カスタードクリームを作っておく。
・13cm四方に切ったクッキングシートを6枚用意する。

作り方

〈 混ぜる 〉

1. ボウルにAを入れ、泡立て器で1分ほどよく混ぜる。ぬるま湯を加えて1〜3分ほど混ぜ、溶かしたバターを加えて1〜3分ほど混ぜる。

2. ゴムベラに持ち替え、サイリウムを全体に素早くふりかける。3分ほど全力で混ぜ、軽く生地をまとめる。

〈 分割 & 仮丸め 〉

3. スケッパーを使い、生地を6等分する（ボウルの中で作業しても、作業台に移して分割してもOK）。

4. 手に油をつけて、それぞれ軽く丸める。

〈 成形 〉　※4で最初に丸めた生地から順に作業する。

5. 縦13×横12cmの楕円形にめん棒で伸ばす。クリームの⅙量を生地の上半分にのせ、下半分をクリームの上にかぶせるように折り、ふちを押さえてとじる（a・b）。

6. 5を13cm四方に切ったクッキングシートにのせる。スケッパーでふちの4か所に切り込みを入れ（c）、天板に並べる。

〈 発酵 〉

7. ふんわりラップをして濡れ布巾をかけ、オーブンの発酵機能40℃で10分発酵させる。取り出して、オーブンを180℃に予熱する。
　Point ▶ 生地が1.5倍くらいに膨らんだら、発酵完了。

〈 仕上げ & 焼く 〉

8. オーブンの予熱が終わったら、生地に茶こしなどで米粉をふり、180℃で15〜17分ほど焼く。

米粉カスタードクリームの作り方

材料（作りやすい分量）	作り方
卵黄……2個分 砂糖……50g 米粉……25g 牛乳……200g A｜バニラオイル 　……3滴くらい 　｜無塩バター……5g	① 耐熱ボウルに卵黄を入れて砂糖、米粉、牛乳の順に加え、泡立て器でそのつどよく混ぜる。 ② ふんわりラップをして電子レンジ（600W）で2分加熱する。取り出して泡立て器で混ぜ、もう一度電子レンジ（600W）で1分半加熱する。 ③ 取り出してAを加え、ゴムベラで混ぜる。クリームの表面にラップをぴったりとはり、冷蔵庫で冷やす。

お花黒糖くるみパン

黒糖のコクがくるみの香ばしさとマッチ！
花形は切り込みを入れるだけなので意外と簡単です。
黒糖は細かくて溶けやすいものがおすすめ。
普通のお砂糖で作ってもおいしいですよ。

材料（6個分）

A │ 米粉（パン用）····· 200g
　│ イースト ····· 3g
　│ 粉末黒糖（目の細いもの）····· 30g
　│ 塩 ····· 4g

ぬるま湯（37℃前後）····· 210g
無塩バター（溶かす）····· 20g
サイリウム ····· 7g

B │ くるみ（素焼き）····· 60g
　│ はちみつ（水あめでも可）····· 小さじ1くらい
C │ きれいな形のくるみ（素焼き）····· 6個

植物油（作業・仕上げ用）····· 適量

下準備

・Bのくるみは粗く砕き、はちみつと混ぜ合わせておく。生のくるみ
　を使う場合はB・Cのくるみを170℃のオーブンで予熱なしで10
　分焼き、Bは砕き、Cは砕かずにとっておく。

作り方

〈 混ぜる 〉

1. ボウルにAを入れ、泡立て器で1分ほどよく混ぜる。ぬるま湯を
　　加えて1〜3分ほど混ぜ、溶かしたバターを加えて1〜3分ほど
　　混ぜる。

2. ゴムベラに持ち替え、サイリウムを全体に素早くふりかける。3
　　分ほど全力で混ぜ、混ぜ合わせたBを加える。全体に混ざるま
　　で1分ほど混ぜ、軽く生地をまとめる。

〈 分割＆仮丸め 〉

3. スケッパーを使い、生地を6等分する（ボウルの中で作業しても、
　　作業台に移して分割してもOK）。

4. 手に油をつけて、それぞれ軽く丸める。

〈 成形 〉　※4で最初に丸めた生地から順に作業する。

5. 生地を丸め直す。両手でコロコロと50回以上転がし、表面がツ
　　ルツルになったら少し平らにし、キッチンバサミでふちの5か所
　　に切り込みを入れる（a・b）。

a

6. クッキングシートを敷いた天板に5を並べ、中心にCのくるみを
　　押し込む（c）。

〈 発酵 〉

7. ふんわりラップをして濡れ布巾をかけ、オーブンの発酵機能40℃
　　で10分発酵させる。取り出して、オーブンを210℃に予熱する。
　　Point ▶ 生地が1.5倍くらいに膨らんだら、発酵完了。

b

〈 仕上げ＆焼く 〉

8. オーブンの予熱が終わったら、生地に刷毛でまんべんなく油を塗
　　り、210℃で12分焼く。

c

スティック抹茶メロンパン

丸めないから手軽！ 抹茶の分を米粉に代えればプレーン生地も作れます。
1個分の溶き卵をクッキー生地とパン生地で使いきれる無駄なしレシピ♪

材料（8本分）

A | 米粉（パン用）····· 198g
　 | 抹茶パウダー ····· 2g
　 | イースト ····· 3g
　 | 砂糖 ····· 15g
　 | 塩 ····· 3g

B | ぬるま湯（37℃前後）····· 100g
　 | 牛乳（37℃前後）····· 65g
　 | 溶き卵※ ····· 10g

無塩バター（溶かす）····· 20g
サイリウム ····· 6g
クッキー生地 ····· レシピ量（右記の作り方参照）
グラニュー糖 ····· 大さじ1強（1本につき小さじ½弱）

植物油（作業用）····· 適量

※卵1個（50g）でクッキー生地用の溶き卵（40g）＋パン生地用の溶き卵（10g）が用意できる計算です。卵が50gに満たない場合、クッキー生地用の溶き卵（40g）は減らさないこと。パン生地用の溶き卵（10g）の方を〈溶き卵＋水＝10g〉になるように調整してください。

下準備

・クッキー生地を作っておく。

作り方

〈 混ぜる 〉

1. ボウルに A を入れ、泡立て器で 1 分ほどよく混ぜる。B を加えて 1〜3 分ほど混ぜ、溶かしたバターを加えて 1〜3 分ほど混ぜる。

2. ゴムベラに持ち替え、サイリウムを全体に素早くふりかける。3 分ほど全力で混ぜ、軽く生地をまとめる。

a

〈 仮丸め 〉

3. 手に油をつけて、生地をひとつに丸める。

〈 成形 〉

4. 縦15×横25cmの長方形にめん棒で伸ばし、作っておいたクッキー生地を重ねる（a）。表面にスケッパーで格子状に模様をつけ、縦に 8 等分する（b・c）。

   Point ▶ 模様は気持ち深めに入れた方が焼き上がりがきれいになる。スケッパーに油を塗っておくと生地を切りやすい。

b

5. クッキングシートを敷いた天板に 4 を並べる（d）。

c

〈 発酵 〉

6. ふんわりラップをして濡れ布巾をかけ、オーブンの発酵機能30℃で15分発酵させる。取り出して、オーブンを190℃に予熱する。

   Point ▶ 生地が 1.5 倍くらいに膨らんだら、発酵完了。クッキー生地のバターが溶けないように 30℃で発酵させる。

d

〈 仕上げ & 焼く 〉

7. オーブンの予熱が終わったら、生地にグラニュー糖をかけ、190℃で16分焼く。

クッキー生地の作り方

材料

A | 無塩バター（室温にもどす）…… 30g
  | 砂糖 …… 45g
溶き卵 …… 40g
B | 米粉 …… 88g
  | 抹茶パウダー …… 2g
  | アーモンドパウダー …… 15g
  | 塩 …… ひとつまみ

作り方

① ボウルに A を入れ、泡立て器でよくすり混ぜる。溶き卵を 3 回に分けて加え、そのつどよく混ぜ合わせる。

② ゴムベラに持ち替え、B を加えて混ぜる（a）。ラップを大きめに引き出して生地をのせ、その上にもう一枚ラップをかける。縦15×横24cmの長方形にめん棒で伸ばし、ラップごと冷蔵庫（生地がやわらかすぎる場合は冷凍庫）で冷やす（b）。

a

b

揚げない！まん丸ドーナツ

バターをたっぷりまとわせて、カリッとジュワッと焼き上げます。
牛乳・卵・バターを使ったリッチな味わいですが、生地の甘さは控えめ。

材料（直径7.5cmの耐熱カップ※6個分）

A
| 米粉（パン用）····· 200g
| イースト····· 3g
| 砂糖····· 20g
| 塩····· 3g

B
| ぬるま湯（37℃前後）····· 110g
| 牛乳（37℃前後）····· 40g
| 溶き卵····· 30g

無塩バター（溶かす）····· 20g
サイリウム····· 5g
無塩バター（溶かす/仕上げ用）····· 30g＋適量
グラニュー糖····· 適量

植物油（作業用）····· 適量

※商品の耐熱温度を確認してから使用してください。
アルミカップでも OK。

作り方

〈混ぜる〉

1. ボウルに A を入れ、泡立て器で1分ほどよく混ぜる。B を加えて
   1〜3分ほど混ぜ、溶かしたバターを加えて1〜3分ほど混ぜる。

2. ゴムベラに持ち替え、サイリウムを全休に素早くふりかける。3
   分ほど全力で混ぜ、軽く生地をまとめる。

〈分割 & 仮丸め〉

3. スケッパーを使い、生地を6等分する（ボウルの中で作業しても、
   作業台に移して分割してもOK）。

4. 手に油をつけて、それぞれ軽く丸める。

〈成形〉　※4で最初に丸めた生地から順に作業する。

5. 生地を丸め直す。両手でコロコロと50回以上転がし、表面をツ
   ルツルにする。

6. 耐熱カップに入れ、天板に並べる。

〈発酵〉

7. ふんわりラップをして濡れ布巾をかけ、オーブンの発酵機能40℃
   で10分発酵させる。取り出して、オーブンを200℃に予熱する。
   Point ▶ 生地が1.5倍くらいに膨らんだら、発酵完了。

〈仕上げ & 焼く〉

8. オーブンの予熱が終わったら、生地に刷毛でまんべんなく溶かし
   たバター30gを塗り（a）、200℃で12分焼く。
   Point ▶ 溶かしたバターの量は、1個につき5gが目安。

9. しっかり冷めたら溶かしたバター適量を刷毛で塗り、グラニュー
   糖をまぶす。

a

パン de リング

ドーナツ屋さんの人気リングを米粉パンで作ってみました！
はちみつをメープルシロップに代えてもおいしいです。

材料（4個分）

A 米粉（パン用）⋯⋯ 200g
  イースト ⋯⋯ 3g
  砂糖 ⋯⋯ 15g
  塩 ⋯⋯ 2g
ぬるま湯（37℃前後）⋯⋯ 215g
無塩バター（溶かす）⋯⋯ 20g
サイリウム ⋯⋯ 7g

B 無塩バター（溶かす／仕上げ用）
   ⋯⋯ 20g
  はちみつ ⋯⋯ 10g
  塩 ⋯⋯ ひとつまみ

植物油（作業用）⋯⋯ 適量

下準備

・Bは混ぜ合わせておく。

作り方

〈 混ぜる 〉

1. ボウルにAを入れ、泡立て器で1分ほどよく混ぜる。ぬるま湯を加えて1〜3分ほど混ぜ、溶かしたバターを加えて1〜3分ほど混ぜる。

2. ゴムベラに持ち替え、サイリウムを全体に素早くふりかける。3分ほど全力で混ぜ、軽く生地をまとめる。

〈 分割 〉

3. スケッパーを使い、生地を32等分する（ボウルの中で作業しても、作業台に移して分割してもOK）。
   Point ▶ 生地を32等分すると1個は14gくらいになります。計量すると仕上がりがきれい。

〈 成形 〉

4. 手に油をつけて、生地を丸める。両手でコロコロと50回以上転がして表面をツルツルにする。

5. クッキングシートを敷いた天板に、4を8個でひとつの輪になるように並べる（a）。
   Point ▶ 隣り合わせに置くだけで、焼けば自然にくっつく。

〈 発酵 〉

6. ふんわりラップをして濡れ布巾をかけ、オーブンの発酵機能40℃で10分発酵させる。取り出して、オーブンを210℃に予熱する。
   Point ▶ 生地が1.5倍くらいに膨らんだら、発酵完了。

〈 仕上げ & 焼く 〉

7. オーブンの予熱が終わったら、生地に刷毛でまんべんなく混ぜ合わせたBを塗り、210℃で12分焼く。

a

ジャリッと！ シュガーレーズン

仕上げのバターがレーズン生地＆シュガーにしみこんで最高！
焼き色がつきにくいから、途中で様子を見てオーブンの温度を上げて。

材料（6個分）

A ┃ 米粉（パン用）‥‥‥ 200g
　┃ イースト ‥‥‥ 3g
　┃ 砂糖 ‥‥‥ 15g
　┃ 塩 ‥‥‥ 3g
ぬるま湯（37℃前後）‥‥‥ 210g
無塩バター（溶かす）‥‥‥ 10g
サイリウム ‥‥‥ 7g
レーズン ‥‥‥ 100g
無塩バター（仕上げ用）‥‥‥ 18g
グラニュー糖 ‥‥‥ 適量

植物油（作業用）‥‥‥ 適量

下準備

・レーズンはお湯でサッと洗い、水気を
　キッチンペーパーでしっかりと拭きとる。
・仕上げ用の無塩バター18gは3g×6個
　の角切りにして冷蔵庫に入れておく。

作り方

〈 混ぜる 〉

1. ボウルにAを入れ、泡立て器で1分ほどよく混ぜる。ぬるま湯を加えて1〜3分ほど混ぜ、溶かしたバターを加えて1〜3分ほど混ぜる。

2. ゴムベラに持ち替え、サイリウムを全体に素早くふりかける。3分ほど全力で混ぜ、レーズンを加える。全体に混ざるまで1分ほど混ぜ、軽く生地をまとめる。

〈 分割 & 仮丸め 〉

3. スケッパーを使い、生地を6等分する（ボウルの中で作業しても、作業台に移して分割してもOK）。

4. 手に油をつけて、それぞれ軽く丸める。

〈 成形 〉　※4で最初に丸めた生地から順に作業する。

5. 生地を丸め直す。両手でコロコロと50回以上転がし、表面をツルツルにする。

6. クッキングシートを敷いた天板に5を並べる。

〈 発酵 〉

7. ふんわりラップをして濡れ布巾をかけ、オーブンの発酵機能40℃で10分発酵させる。取り出して、オーブンを210℃に予熱する。
　Point ▶ 生地が1.5倍くらいに膨らんだら、発酵完了。

〈 仕上げ & 焼く 〉

8. オーブンの予熱が終わったら、中心にキッチンバサミで7回切り込みを入れる（a）。図を参考に、縦に1回切ったら、中心から端に向かって数字の順に切る。

9. 中央に無塩バターを1つずつのせてグラニュー糖をかけ（b）、210℃で12分焼く。
　Point ▶ 表面が乾燥していたら霧吹きで水をかける。焼き色がつきにくいので、色が薄い場合は途中でオーブンの温度を上げる。

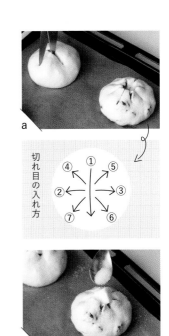

a

切れ目の入れ方

④ ① ⑤
② ③
⑦ ⑥

b

困ったときの Q & A

Q 焼きムラが気になります。

A 焼いている途中で天板の前後を入れ替えるとムラなく焼けます。焼き時間の3分の2を過ぎた頃が入れ替えの目安です。

Q 焼き色がつきません。

A 基本的には焼いている途中でもいいのでオーブンの温度を10℃ほど上げて。残り5分で表面に油を塗る方法もありますが、仕上げに米粉をふったパンには塗らないでください。

Q パン用以外の米粉でも作れますか?

A お菓子用のミズホチカラでも作れなくはないです。ただ、仕上がりが変わるので、失敗しないためにもパン用のミズホチカラを推奨します。

Q サイリウムを他の材料で代用できないでしょうか?

A この本で紹介したレシピではできません。1回に使う量が少ないので、一度買うと長く使えます。

Q 焼き上がりが餅っぽくなってしまいました。何が原因だと思いますか?

A 餅っぽくなってしまうのは、焼いている間に生地の中の水分がうまく抜けていないから。オーブンの温度が低い可能性があります。次に焼くときは温度を10℃ほど上げてみて! また、イーストが古いと膨らみが悪く、餅っぽくなります。

Q 半量や倍量で作れますか?

A 半量で作るのは問題ないです。倍量の場合はイーストをレシピより1〜2g増やし、他の材料を2倍にして作ります。ただし、サイリウム投入後の生地が重くて混ぜにくいので、倍量よりも2回作るのがおすすめ!

Q 冷凍できますか?

A 焼き上がりは冷凍できます。乾燥するとおいしさが落ちるので1つずつラップで包み、さらに保存袋などに入れて冷凍庫へ。食べるときは自然解凍し、トースターで3分くらい焼いてからどうぞ。

よく聞かれるパン作りの疑問に答えます！
困ったときの参考にしてみてください。

Q オーブンの発酵機能に
「スチームあり」と
「スチームなし」があります。
どちらを使えばいいですか？

A スチームなしで大丈夫です。

Q サイリウムが
ダマになってしまいました。
手でこねても平気でしょうか？

A 手でこねても大丈夫です。ダマをつ
ぶしてください！

Q オーブンの天板が小さくて
生地が入りきりません。
2回に分けて焼けますか？
もしくは2段で
焼いてもいいですか？

A 2回に分けた方がきれいに焼けま
す。成形まで一緒に作り、発酵か
ら2つに分けて焼いてください。あ
とから焼く生地は1つ目の生地を
焼いている間にも発酵が進むので、
オーブン発酵はさせずに、室内の
涼しい場所で待機させるとよいで
す。タイミングが難しいので、レシ
ピの半量で作る方がおすすめです
（左ページのQ参照）。

Q パンが焼けているかどうか、
よくわからないです……。

A パンの裏面を見て焼き色がついて
いれば大丈夫。ちゃんと焼けてい
る証拠です！

Q 生焼けになってしまいました。

A シンプルなパンであれば、ラスクや
フレンチトーストにリメイクするとお
いしくいただけます。

Q 常温でどのくらい
もちますか？

A 当日がおいしいです。
当日食べないのであれ
ばすぐ冷凍がベスト！
冷蔵庫も基本的には
NGです。米粉パンは
ご飯と同じで、冷蔵す
るとカチカチになってし
まいます。

Q 過発酵になってしまったら、
どうすればいいですか？

A 仮丸めや成形に時間がかかると、
過発酵になりやすいです。表面が
多少ザラつく程度であれば味には
あまり影響しないので、次回焼くと
きに作業を手早くするか、発酵時間
を短めにするとよいです。完成まで
1時間を目安に、成形に時間がか
かったときは発酵時間を短くするな
ど、生地の状態を見て調整してみて
ください。

鈴木あつこ

愛知県在住。毎日のように小麦粉パンを焼いて10年以上、米粉パンに夢中になって5年になる。誰でも簡単にパン屋さんみたいなパンが作れる「あつあつパン教室」を不定期で開催。YouTubeでもレシピ動画を公開し、簡単で作りやすいレシピが人気を呼んでいる。著書に『世界一作りやすい本格おうちパン』(KADOKAWA)がある。将来の夢はパン作りイベントで全国ツアーをすること。

YouTube「あつあつパン教室」

STAFF
撮影／山川修一
スタイリング／蓮沼あい
デザイン／野本奈保子 (ノモグラム)
取材・文／安田 光
調理アシスタント／加藤美穂
校正／麦秋新社
DTP制作／ビュロー平林
編集／仁科 遥
材料協力／富澤商店　https://tomiz.com/

お店みたいなあつあつ米粉パン

2023年12月10日　初版第1刷発行
2024年11月10日　　　第6刷発行

著者　　鈴木あつこ
発行者　秋尾弘史
発行所　株式会社 扶桑社

　　　　〒105-8070 東京都港区海岸1-2-20
　　　　汐留ビルディング
　　　　電話 03-5843-8842 (編集)
　　　　　　 03-5843-8143 (メールセンター)
　　　　www.fusosha.co.jp

印刷・製本　TOPPAN株式会社
©Atsuko Suzuki 2023　Printed in Japan
ISBN 978-4-594-09618-2